# 文さん、大きな愛をありがとう

山本由美子

鳳書院

# 文さん、大きな愛をありがとう

山本由美子

鳳書院

## はじめに

二〇一四年五月八日。私は赤坂BLITZ《ブリッツ》でマイクの前に立っていました。

〈本日は、ウイークデーで何かとご多用のなか、こんなに大勢の方にお集まりいただきまして、本当にありがとうございました。主人に代わりましてお礼申し上げます。

二月二十一日の緊急入院から納骨《のうこつ》の日まで、常に長男夫妻が頼《たよ》りない私のサポートをしてくれ、なんとか今日に至っております。主人とは、仕事もプライベートも二十四時間、常にいっしょで、離《はな》れるのはトイレの中だけでしたので、こうして一人で立っていることに、いまだ慣《な》れません。

主人はよく「俺《おれ》の顔は葬式《そうしき》とか、しめっぽい場所には似合わない！」と言っておりましたので、「だったら、あなたさまのときはお別れ会はしないで、引退式をしてあげるね。きらいな喪服《もふく》はナシにして、みんなで『文《ぶん》さ〜ん、お疲れさまでした〜！』って〝乾杯《かんぱい》〟してあげる！　そのかわり、目標の『生涯現役《げんえき》』を達成したらね！」という会話を数年前にして、笑っておりました。見事、目標を達成しましたので、本日『引退式』を開いてあげることができ、本人も大満足だと思います。

亡《な》くなる数時間前、お見舞いに来てくださった方々に「もうひと花咲かせてやるから」と言って、みんなを笑わせていました。今日がまさに『もうひと花咲かせた日』となったと思います。この会を開くにあたっては、TBSのOB・OGの皆さま、そして社員の皆さまが、お忙しいなか、準備をしてくださいました。この場をお借りいたしまして心よりお礼申し上げます。本当にありがとうございました。

昨年、数えで八十歳の傘寿《さんじゅ》まで現役を続けられましたのは、皆さまとのつながりと、主人のTBS時代を『第一伴走者《ばんそうしゃ》』として共に走っていた前妻・

めいこさんの支えがあってこそです。

私は『第二伴走者』として、渡された見えないバトンを持ち、人生の最終章を迎《むか》える主人と三六五日、二十四時間態勢で共に走ってまいりました。二人でいた時間は普通の夫婦の二五、六年分になるはずで、中身の濃《こ》いものでした。人生の最後に『いい人生だったよ』と思ってもらえるように、『こうしてあげればよかった』ということが一つでも少なく、『こうしてあげてよかった』ということが一つでも多くあるように、過ごしてきたつもりです。

四月十三日、めいこさんの眠るお墓に納骨をしました際、見えないバトンもいっしょに納《おさ》めてまいりました。再婚をいちばん喜んでくれた主人の母は、昨年百三歳で亡くなりましたが、会うたびに私の手を握《にぎ》って「文郎《ふみお》をお願い！」と言っておりましたので、いまは無事、責務《せきむ》を果たせたと思い、今日からは一人、折り返し地点を通過し、立ち止まる時間をつくらず、走っていこうと思います。

一般的には少ない『年の差婚』でしたが、お互い心の底から愛し合い、最後まで相手を守り続けました。主人は「一〇人いたら三人がいいねって言ってくれれば、それでいいじゃないか！　視聴率《しちょうりつ》でいったら三〇パーセントだぞ！　いまどき、そんな数字、なかなか取れないからな。俺はお前と結婚できて幸せだ」と笑顔で言ってくれました。

主人は、最後までテレビの仕事にこだわっておりましたので、仕事は私がこのまま引き継《つ》ぎます。主人は子どもたちにも、「将来はテレビの仕事に携《たずさ》わってほしい」と言い、現場に連れて行っては、その仕事ぶりを見せておりました。今度は私が第二走者となり、主人から渡されたバトンを子どもに渡せればと思っております。

とはいえ、あまりにも一心同体《いっしんどうたい》でいすぎたために、まだまだ目からこぼれる水分量が多く、給水所がたくさん必要です。そんなときはどうか、皆さまにお力をいただきたく、引き続き、よろしくお願い申し上げます。
本日は、長時間、主人と共に過《す》ごしてくださり、本当にありがとうございました〉

私の夫・山本文郎（享年七十九）が長い間在籍《ざいせき》したTBSのある赤坂は、夫のアナウンサー人生が詰《つ》まった場所です。ここでかつての仕事仲間や後輩たち、自分がつなげた人たちが同窓会のよう集える機会になれば、きっと亡き夫も喜んでくれる。そんな思いで、生前、約束をしていた引退式を挙行《きょこう》したのです。

「文さんが、こうやって集めてくれなかったら会えなかったね」「懐《なつ》かしい」と、たくさんの方たちが来てくださいました。参加してくださった皆さんは本当に楽しそうでした。いい話もあり、暴露話《ばくろばなし》もあり。それも故人を偲《しの》ぶ形の一つです。喪服は禁止。それどころか、女性はパーティーのつもりで華やかにしていらしてください、とお願いしました。

仕事の合間を縫《ぬ》って「参列しなきゃ」というような儀礼的《ぎれいてき》なものではなく、本当に夫の仕事仲間の方たちやお世話になった方たちに来てもらいたかった。「行きたい！」「会いたい！」と思ってくださる人たちに集っていただきたかった。スクリーンにパッと大きな山本文郎の顔が映って、みんなを包《つつ》み込んでいる――。そんな引退式にしたかったのです。
ＴＢＳの皆さんが、番組を作るような意気込《いきご》みで力を貸してくださったこのお別れ会は、「お葬式が似合わない顔」の山本文郎らしい引退式でもあり、感謝祭でもあり、忘れられない日になりました。

引退式が終わるまでは、とにかくやることがたくさんありました。悲しんでいる時間もありませんでしたし、まだ夫と二人で仕事をしているような感じでもありました。
あれから、早くも四年の歳月《さいげつ》が過ぎ、さまざまなご縁《えん》に助けられ、今日まで歩んでくることができました。

あの日、引退式にお一人でいらしてくださった桂《かつら》由美先生が、「なにか、いっしょにお仕事ができたらいいわね」と声をかけてくださいました。

そして、数年後。私は「YUMI KATSURA」の情報発信拠点《きょてん》である乃木坂《のぎざか》のブライダルハウスで、桂先生のメディア出演のキャスティングをしたり、二階にオープンした「カフェ・ド・ローズ」のマネージメントに携わることを仕事の中心にするようになったのです。

夫との思い出の詰まったこの場所でお仕事をさせ

ていただくことになるとは、想像もしていませんでした。

その後、オープンまもない「カフェ・ド・ローズ」に海老名香葉子《えびなかよこ》さんと有希子《ゆきこ》さん（林家正蔵夫人）が訪れてくださったことをきっかけに、思いがけず本書の企画が持ち上がり、おかみさんとの対談も実現したのです。

あらゆる縁というものが、縦横無尽《じゅうおうむじん》につながっています。この世の中は織物《おりもの》のように人と人とがつながって編《あ》み上げられていくものであり、そのつながりが人生を左右するということを、いま、あらためて感じています。
夫が私に残してくれた大きな愛情と大切な人脈が、これからの私の歩みゆく新しい道を示してくれているようです。

山本由美子

文さん、大きな愛をありがとう

# Contents

装幀／村上ゆみ子　　カバー写真／熊谷聖司

第一章

# 知り合いのおじさん

## 最初の出会いは六歳のころ

山本文郎《やまもとふみお》とは、私が六歳のころからの知り合いでした。私の兄の通《かよ》っていた学校は音楽に力を入れており、兄は吹奏楽部で毎日、熱血指導を受けていました。そのような学校でしたので、「こども音楽コンクール」というラジオ番組の常連校《じょうれんこう》でもあり、東京都代表としてよく出演していたのです。そして、TBSのアナウンサーだった彼は当時、その番組のパーソナリティーをしていたのです。

こうしたことから、彼は兄の学校の先生たちとも親《した》しくなり、やがて、学校行事の演奏会の司会を依頼《いらい》されたり、また、自分の番組を始めるときには、PTAがホテルでパーティーを開いて応援してくださるといった具合に、学校ぐるみ・家族ぐるみでの親交が深まっていたようです。

こうした場には私の母も先頭に立って参加し、楽しいひとときを過ごしていたようです。母が出かけるパーティーにいっしょに行くことのできない私にとって、このTBSのおじさんは「ちょっと迷惑《めいわく》なおじさん」でもありました。それでも、兄たちが出演するコンクールでは司会をしていましたし、テレビをつければ「あっ、おじさんが出ている!」と、ちょっぴりうれしくなるような、きわめて身近な存在でもありました。

ですから、わが家とのおつきあいは兄が学校を卒業した後も続き、私の最初の結婚式のときには、おじさん＝つまり、TBSアナウンサーの山本文郎が司会を引き受けてくれました。結婚式の準備をするなか、私は何度も〝おじさん〟と打ち合わせを重ねました。ですから、私のことも、家族のことも彼はよくよく知り尽《つ》くしています。

結婚してからは、直接会う機会はなくなりましたが、年賀状のやりとりは毎年続いていましたので、長男が生まれ、二男が生まれ……といった、わが家の様子を遠くから親のような気持ちで見守ってくれていたのだと思います。

再会のきっかけとなったのも、私だけの名前で出した年賀状でした。「子どもと三人で生活しています」と添《そ》えた一文が目にとまったようで、年明け早々、深夜に電話がかかってきたのです。

「なに？　どうしたんだよ、いったい！」

心配そうな第一声は温かく、また懐《なつ》かしいものでした。久しぶりに聞いたおじさんの声に、私は涙があふれてきました。

結婚してわかったことですが、彼がやりとりしていた年賀状は約二千枚。それでも、私にくれる年賀状には必ず一筆書かれており、また、私が出した年賀状も、山ほど受け取る年賀状も、ちゃんと読んでくれていたということでした。あらためて、感動したと同時に、尊敬《そんけい》の念《ねん》が増しました。

## 「おじさん」が「彼」になった瞬間

その数日後、本当にしばらくぶりに私たちは再会しました。それからというもの、「ちょっと赤坂まで来られるか？　お茶しよう」とか「近くまで来たから、ごはんを食べよう」など、彼は忙しい仕事の合間に頻繁《ひんぱん》に連絡をくれ、長年の空白を埋《う》めるように、私たちはいろいろな話をしました。

この時期のことを後年、彼はよく「相談に乗っていたんだ」と言っていましたが、私はおじさんに相談するつもりなんて、これっぽっちもありませんでした（笑）。でも、きっと私のことが心配で心配で、仕方がなかったのでしょう。

そんな「おじさん」を男性として意識したのは、ある日の別れ際《ぎわ》のことです。食事を終えて、車に乗った彼に、「じゃあ、また。気をつけて帰ってくださいね」と言うと、運転席の窓を開けて彼は私の手をグッと握《にぎ》りました。

「うわぁ！　男性の手だ」

その大きな手の力強さに触《ふ》れ、彼に対する私の気持ちは「おじさん」から「彼氏」へと瞬間的に切り替わりました。いままでずっと知っている友だちだった人が、あるとき恋人になる瞬間とでもいいましょうか。私の中にはっきりと恋心《こいごころ》が芽生《めば》えたのです。といっても、若いときとは違い、胸がときめいたり、好きで好きでたまらないというわけではなく、ジンワリとした愛情のような、不思議な感覚です。

おそらく、この瞬間は彼にとってもターニングポイントになったのではないかと思いています。六歳から知っている「女の子」が、いつしか「年ごろの娘」に成長し、再会したときにはすでに四十代になっていた私を「女性」として意識してくれたのでしょう。後に、「〝いい女になったなぁ〟と思って、ひと目惚《めぼ》れだったよ」と言ってくれました。

それ以降、彼からは毎日、朝・昼・晩と電話がかかってきました。連絡手段は、ひたすら電話なのです。何度も着信記録があり、留守電には「なんで出ないんだ！」とイライラした声が入っています。ちょっと信じられないかもしれませんが、とても積極的でした。あまりにも電話がつながらないと、鉛筆で「なんで（電話に）出ないんだ！」となぐり書きした速達が来たほどです。思い出しただけでも、笑いが込み上げてきます。

とはいえ、当時の私はこうした電話攻撃に少し気遅《きおく》れしてしまい、彼が仕事で海外に行っている間に携帯電話の番号を変更してしまいました。

二週間後、帰国して電話がつながらなかったことに怒って、またまた速達が来ました。

「なんだよ！　これは！」って。

そのときにふと、気づいたのです。

「こんなにも私のことを心配してくれているんだ！」と。

愛されることの幸せというか、これは男女に限らず、自分の存在を必要としてくれることに感謝しなくてはいけない。電話番号を変えるような不誠実なことをしてはいけないな、と思ったのです。

これが二十代や三十代だったら、きっと「ウザい」と思うだけだったかもしれません。でも、年齢を重ねたことによって、私を必要とし、心配し、ときには頼りにしてくれる彼に対し、「こんな私でも役に立っているんだ」という喜びが、ふつふつと湧《わ》いて来たというのが率直《そっちょく》な気持ちです。

こうして、男と女を意識してからというもの、彼と私の距離はあっという間に縮《ちぢ》まりました。

## 七十代で初めての大恋愛

山本文郎は早稲田大学を卒業してすぐにTBSに入社。看板アナウンサーとして、忙しい日々に突入しました。プライベートでは、入社後まもなくお

家族旅行中（長男撮影）

見合いで結婚して家庭を持ち、子どもにも恵まれました。ですから、これまでの人生で恋愛らしい恋愛は経験してこなかったようです。彼はいつも、「恋愛はおまえが初めてだ」と言っていました。

たとえ、これがちがっていても、そう言ってくれることはうれしかったです。

かつて、このことをある番組で話したところ、島田紳助《しまだしんすけ》さんに「文《ぶん》さんの人生における恋愛のキャパが一〇〇だとしたら、ほぼほぼ残っていたんだね」と言われました。

こうして、彼が温存《おんぞん》していた恋愛のエネルギーは、私に向かってドカーンと押し寄せてきたのです。

第二章

# 三十一歳の「年の差婚」

# おじさんの人生相談

頻繁《ひんぱん》に会うようになると、だんだんと私が彼の話を聞くことのほうが増えていき、二人の会話は「おじさんの人生相談」の様相《ようそう》を呈《てい》していきます。

前妻を病気で亡《な》くし、一人息子は私と同世代で、すでに家庭もあり、孫たちも大きくなっています。息子たちと二世帯住宅に住んでいるとはいえ、彼は生きる目的や、がんばる目標を見失っているようでした。

「俺《おれ》はもうだれも守る人がいない。何のために働くのかわからない。もう仕事もどうでもいい」

時折、お酒を飲んだときなどに、自暴自棄《じぼうじき》なことを口走ることがありました。

たしかに、仕事も昔のように帯番組《おびばんぐみ》を持っているわけではないし、一生懸命に築き上げた家庭をみれば、すでに妻は亡くなり、子どもはもう自立して一人前。「自分の出番はどこにもない」といった失望感も少なからずあったのでしょう。自身の存在価値を懸命に模索《もさく》している時期だったのかもしれません。彼は生きる気力を失いつつありました。

あとから近所の人や親戚に聞いた話では、あのころの彼は毎晩、飲んだくれていて、周囲は「いつか道で倒れて死ぬんじゃないか」と、かなり心配していたそうです。

「おじさんの人生相談」の中には体調のこともありました。彼は、若いころから糖尿病を患《わずら》っていましたが、仕事の多忙さもあり、朝昼晩と三食とも外食で済ませていました。

私は、「まずは、きちんと食事をさせなければ……」という使命感で、食生活の管理を始めたのです。こうして、私の手料理を食べるため、頻繁にわが家に通《かよ》って来るようになりました。

ちょうどそのころ、高齢だった彼のマネージャーが退職することになりました。

「おまえは（以前の職場で）秘書をやっていたんだから、俺のマネージャーもできるだろう」

こうして私が彼のマネージメントをすることになったのです。仕事でいっしょに行動するうちに、ますます私たちの距離は縮《ちぢ》まっていきました。

## 入籍の決意

結婚を決意したのは、もちろんお互いの気持ちがいちばんでした。ただ、籍《せき》を入れたのは、この先を考えたとき、「最期《さいご》まで責任を持つ」ということとが、お互い最も大きい理由でした。

　何事もなく順番でいけば、彼のほうが先に亡くなるわけです。その前に病気になったり、突発的《とっぱつてき》なことが起きて「家族を呼んでください」と言われる場面に遭遇《そうぐう》したとき、他人のままでいたら、私は何もしてあげられません。家族でないと最期まで看《み》られないし、責任も曖昧《あいまい》になってしまいます。だからといって、「じゃあ、さようなら。最期は息子さんとお嫁さんに看てもらってね」などということは絶対にしたくありませんでした。「最期まで私がこの人を看る。どんな状態になっても私がやる。むしろ私しかいない」

　入籍はそんな私の決意表明でもありました。

　若いころに結婚を考える場合は、「いつかこの人が倒れたら……」なんて想像する以前に、子どもを持つことなどから考えるかもしれませんが、中高年以降のカップルが未来を思い描《えが》くとき、「たとえ車椅子になっても、認知症で私のことがわからなくなっても、いっしょにいられるかどうか」「この人の最期を看る覚悟があるのかどうなのか」というのが優先順位の上位にきます。それが愛情のバロメーターでもあり、結婚の決め手にもなるのではないでしょうか。そうした覚悟がなければできない熟年《じゅくねん》結婚は、いわば「覚悟婚《かくごこん》」です。

夫婦の未来に、人生の最期も視野に入れるということです。リアルな近未来を誓《ちか》うものなのです。

こうした私の覚悟は、彼の心に響《ひび》いたようです。

## めずらしかった「年の差夫婦」

あのころ、「結婚しよう」みたいなはっきりとしたプロポーズの言葉はありませんでしたが、「毎日、おまえの味噌汁が飲みたい」と言われた記憶があります。いま思えば、あれがプロポーズでした。

すでに長いおつきあいを経ていますから、お互いのことは家族を含めて知り尽くしています。いまさら相手のことを知り合う時間というのは必要なかったので、「結婚」というステップもスムーズに受け入れられたのだと思います。

こうして二〇〇八年、彼が七十三歳、私が四十二歳のときに入籍して夫婦になりました。

山本文郎という、皆さんがよくご存じのアナウンサーが、三十一歳もの

「年の差婚」をした！　そのことだけでも話題性は十分でしたから、世間からいろいろなことを言われたり、マスコミにもセンセーショナルに書かれたりもしました。

しかし、運命とは不思議なものです。そうやって週刊誌やワイドショーでさまざま報道をされていた私が、思いがけず、テレビに出ることになったのです。

その当時、大人気だった『行列《ぎょうれつ》のできる法律相談所』（日本テレビ系列）のプロデューサーと夫が番組出演の打ち合わせをしていたとき、マネージャーの私は別の場所で待機していました。すると、夫から「日テレの打ち合わせ場所に来い。プロデューサーが会いたいと言っている」と連絡が入ったのです。

プロデューサーは私を見て開口《かいこう》一番、「（テレビに）出たほうがいい！」

とおっしゃったのです。その後も「出演して」と、熱心に誘《さそ》ってくださいました。戸惑《とまど》いもありましたが、思い切って「山本文郎の妻」としてテレビに出ることにしました。

　これがデビューとなり、二人そろってバラエティー番組への出演など、たくさんの仕事をいただくようになりました。二人で旅番組のリポーターとして全国津々浦々《つつうらうら》に行かせていただい

旅番組の仕事で新潟県・出雲崎代官所跡を訪ねる

たことが、私たちにとっての新婚旅行のようでした。

また、『新婚さんいらっしゃい！』（朝日放送系列）の芸能人大会にも出演させていただいたことがあります。番組初の芸能人大会ということで、いちばんおもしろかった夫婦に司会の桂三枝《かつらさんし》（現・桂文枝《ぶんし》）さんのブロンズ像をプレゼントされるということで、はりきって臨みました。

夫が、「東京から来ました、山本文郎です！」と言うと、場内大爆笑。さらに、下ネタトークも飛び出し、三枝さんは椅子から転《ころ》げ落ちて大笑いしてくださいました。こうして、なんと私たち夫婦が優勝したのです。

私たちは、結婚式は挙げませんでした。お互い再婚ですし、特別な結婚式や披露宴なども考えてもいませんでした。

そんなある日のこと、ブライダルファッションデザイナーの桂由美先生

◁「プロポーズの日」のイベントで夢のウェディングセレモニーが実現
（左から私、桂由美先生、山本文郎、太川陽介さん）

からお電話をいただいたのです。

「プロポーズのイベントがあるのだけど、お二人で出演してくれないかしら?」

なんと、東京・乃木坂《のぎざか》にあるブライダルサロンのテラスで「YUMI KATSURA」のドレスを着て、結婚式の再現をするというイベントでした。

こうして二〇〇九年六月の第一日曜日。「プロポーズの日」の日に、ウエディングセレモニーをしていただいたのです。夢のような出来事に驚《おどろ》くやら、うれしいやら……。

それ以来、毎年、〝ユミ カツラ　グランドコレクション〟に夫婦で招待していただいたり、芸能関係者を集めた会食に呼んでいただいたりと、おつきあいが続きました。

パリコレの翌日、日本の撮影クルーとフランスのスタッフが桂由美先生と
（2016年1月26日　ユミカツラ パリ店にて）

実は、わが家は桂先生と少なからず、ご縁《えん》があります。一九六四年、桂先生がデビューしてすぐファッションショーをされたとき、ヘアメイクを担当したのが、美容師をしていた私の叔母《おば》でした。当時、ショーで使用したヘアアクセサリーを叔母は大切に持っていました。

桂先生のお母さまは、かつて小岩で編物《あみもの》研究所が発展した服飾専門学校を営んでおられ、それを桂先生が引き継《つ》がれました。一方、私の祖母も近い場所で髪結《かみゆ》いをしており、叔母がその仕事を引き継ぎました。

働く女性が少なかった当時、ほど近い地域で、職業婦人の先駆《さきが》けとして奮闘《ふんとう》していた桂先生のお母さまと私の祖母、そして桂先生と私の叔母。まさか半世紀後に、そうしたご縁が結実《けつじつ》するとは、不思議なものです。

# 第三章

# 熟年夫婦の醍醐味

# 兄弟のような父と夫

結婚を決めたとき、兄からは反対されました。

「いくら昔からの知り合いだといっても、三十一歳の年の差婚というだけで周囲からは興味本位《きょうみほんい》で見られるだろうし、世の中のまったく知らない人たちから『財産狙《ざいさんねら》いだ』とあらぬうわさを立てられるんだぞ。いろいろ言われて傷《きず》つくのはおまえだ。それに耐《た》えられるなら結婚すればいい」

しかし、すでに覚悟《かくご》はできていましたし、そんなことは私にとってはどうでもいいことでした。ただただ、自分の気持ちに正直に生きたいと思う一心でした。なにより、父が賛成してくれたことで私は安心していたのです。

それまで、私が仕事をしながら二人の子どもと生活していたときに家事や子どもたちの世話を手伝ってくれたのは父でした。母はすでに亡《な》くなっていましたが、父は自分で家事全般、なんでもできる人でした。その父が洗濯や掃除、ご飯《はん》の仕度など、献身的《けんしんてき》に私たち母子《おやこ》の生活をサポートしてくれていたのです。

そんな父と夫は、昔からの知り合いでしたから、とても仲がよく、私たちの結婚についても、「二人がいっしょにいたいなら、俺《おれ》は応援するよ」と言ってくれました。

こうした父の言葉が、私の背中をさらにグッと押してくれたように思います。結婚してからの夫は、よく父と連れだって床屋《とこや》さんに行ったり、背《せ》格好《かっこう》も似ているので、お互いの服を交換して着たりして、まるで兄弟のようでした。

夫のほうが少し年下ですし、一人っ子でしたので、父のことを本当の兄のように慕《した》っていました。父の前ではすべてをさらけ出し、ときにはお酒の飲み過ぎで叱《しか》られたり（笑）。夫は父のことが大好きでした。父も夫とは話が合い、いっしょにいたときは楽しそうでした。「父上《ちちうえ》！　父上！」と慕ってくる義理の息子をかわいがり、仕事に行く夫のネクタイや襟《えり》を玄関で直すのは、いつも父でした。

## 褒め合える熟年夫婦

結婚したてのころ、夫は帰宅すると必ず、「今日は何を食べに行く？」と言いました。若いころからずっと外食だったため、夫にとって食事とは外食が当たり前だったのです。

しかし、夫にはいつまでも健康で、もっといい仕事をたくさんしてもら

幼稚園児だった私とTBSアナウンサーだった山本文郎をつなげた吹奏楽OBのコンサートにて

いたいと思っていた私は、「家で食べるのがいちばんです」と言って、外食を阻止《そし》することにしました。妻である私の役割は、とにかく体調管理。夫の健康がいちばん大切なことだと思っていたので、きちんと栄養バランスのとれた食事をさせなくては……と必死でした。

いっしょに仕事に行って、ロケから帰ってきても、私は着替えもしないまま、すぐにキッチンに立ち、まずは赤身のお刺身《さしみ》を出します。空腹《くうふく》の夫がお刺身をつまんでいる間に、急いで支度《したく》にかかるのです。

外食しなくなってからの夫は、「今日の飯《めし》はなに？」というのが口ぐせになりました。ときには、私のほうが疲れてしまい、「今日くらいは外食でも」と思うこともありました。

だけど夫はとても褒《ほ》め上手《じょうず》なのです。他人前《ひとまえ》で「うちの奴《やつ》の飯は世界一なんだ！」と言ってくれる。そう言われたら、なんだかうれしくてやる気になってしまいます。「また作ろう」「もっとおいしいものを作ろう」と、モチベーションがグッと上がるので、疲れていてもがんばれました。夫は本当に、人をその気にさせるのが、うまい人でした。

褒め上手の夫に負けないよう、私も毎日仕事に行くときには「あなたさまほどスーツの似合う男はいないわね～」と褒めました。ほんとにスーツの似合う人でした。

私たちは、夫婦がうまくやっていくためには相手をサゲるよりアゲるほうがずっとうまくいくということがわかっていました。褒め合うほうが、お互い気持ちよい状態を保《たも》てるということも、これまでの経験でわかっています。

夫の口ぐせは「人のよいところだけを見てあげること」でした。

若いカップルの場合、結婚生活が始まると、「なんでこうなのよ！」と相手の欠点ばかりが目についたり、お互いのささいなことばかりが気になって夫婦ゲンカに発展したりしますが、熟年婚のよさは、お互い年の功《こう》というか、過去の経験から、どういうことが相手の気分を悪くするかがわかっているので、「ダメなところを指摘するよりも、いいところを褒め合う」といった〝さじ加減《かげん》〟が絶妙で、お互いに居心地《いごこち》がよいのです。

## 愛情は倍返し

「自分が相手からしてもらったことは倍にしてお返しししたい」――相手が倍と感じるかどうかはわかりませんが、人にしてもらったことや心をかけてもらったことに対しては、自分としては精いっぱい、倍にしてお返しする。これは、私たち夫婦が心がけてきたことです。

夫が私に愛情を注いでくれたぶん、それをその倍にして何かをしてあげたい。それはだれに対しても同じ気持ちです。

夫・山本文郎も、仕事のオファーをいただいたら精いっぱい仕事をしてお返しする。盛り上げる。こうした仕事に対する真摯《しんし》な姿勢を貫《つらぬ》いたからこそ、長い間、第一線で活躍を続けてこられたのでしょう。「フィフティ・フィフティではなく、倍返し」。この繰《く》り返しのなかで自分を取り巻く人間関係が変わってくるのだと思います。

夫は私に対しても、常にそうやって接してくれました。私がすることは一〇〇パーセント認めてくれます。だから私もストレートにできることや、やってあげたいことをぶつけてこられたのだと思います。

私がもし二十代だったら、きっとこんなふうには考えていなかったでしょう。夫も、もっと若いころだったら私になにかをしてもらおうとはしなかったと思います。四十代と七十代という年代の組み合わせがうまくいく要素のひとつだったのかもしれません。若いころの夫は、たとえば電車に乗るとしたら、ササッと先に行って切符《きっぷ》を買うなど、自分が率先《そっせん》してやる人だったようです。ですが、私と結婚するころには、私になにかをしてもらうことを楽だと感じる年代になっていたのです。

私も、すでに四十代でしたから、子育てや最初の結婚生活を通していろいろな経験を積み、主婦として、妻としてのスキルもそこそこ身についていました。ですから、だれかのためになにかをすること、とりわけ夫に尽《つ》くすということに関しては何の違和感《いわかん》もありませんでした。きっと、私も若かったら、夫に対して「なにかをやってあげるより、やってもらいたい」と思っていたかもしれません。

# 第四章

# 新しい家族

# みんなで手料理を囲んで

夫の一人息子は私と同世代で、私たちが結婚したとき、とっくに家庭を持って独立していました。

一方、私には小学生と中学生の息子がいました。私が夫の支《ささ》えになりたいと思ったのと同じように、夫は私だけではなく、二人の息子たちをも育てようと決意してくれていました。

「俺《おれ》は子どもたちの本当の父親になる」

そう言って、結婚と同時に夫は息子たちとも養子縁組《ようしえんぐみ》をし、実の親子になりました。戸籍《こせき》に「子」と書かれているのを見たとき、「あぁ、本当に親子になったのだな」とつくづく思ったものです。

結婚前、デートらしいことをした記憶はなく、会うときはもっぱら、いっしょにご飯《はん》を食べていました。

夫は外食ばかりの毎日でしたので、手作りご飯を食べさせたいという気持ちが強くなっていき、子どもたちと四人で食事をすることが増えていきました。同時に夫は、「こんなうめ～食事を毎日食べたいなぁ！」と口にするようにもなりました。

子どもたちの顔を見ることも楽しみだったようで、遊びに来て玄関を開《あ》けると、息子たちに向かって「おう、来たぞ！」と大きな声をかけながら入ってくるのです。

息子たちも毎回、夫が来てくれるのを楽しみに待ちかまえていました。来るとまず、「いつ帰っちゃうの？」と帰る時間を気にするほどです。そんな息子たちの無邪気《むじゃき》な姿が私の気持ちを後押《あとお》ししたのは言うまでもありません。

そんな調子ですから、結婚してからも息子たちはいつも夫にべったりです。食事のときも、お酒を飲んでいるときも離れないで、そばにくっついている大好きなお父さんでした。

## 遅れてきたイクメン

夫も息子たちのことをとてもかわいがり、育児にも積極的でした。

夫は大学を出てすぐに最初の結婚をし、長男が誕生しましたが、同時に人気アナウンサーとして多忙を極《きわ》める生活に突入しました。帯番組《おびばんぐみ》があり、家に帰ることもままならない状態。多忙な時期は、職場の近くでホテル暮《ぐ》らしをしていたこともあったそうです。

高度経済成長期の猛烈《もうれつ》サラリーマンそのものでしたから、お金を稼《かせ》いでくる以外に、家族のためになにかをするということが、物理的にできなかったのです。ほとんど留守、あるいは深夜帰宅が続いていたため、育児はすべて妻《つま》任《まか》せ。学校行事に参加した記憶もまったくないようです。そうせざるを得《え》ない忙しさだったのでしょう。これは、あの時代のお父さんたちは、多くの家庭がそんな感じだったのではないかな、と思います。

夫と息子が手をつないで外出

ですから、夫はわが家の二人の息子たちの子育てに携《たずさ》われることが楽しかったのだと思います。それまで、やりたくてもできなかった育児を、あらためてできる機会がやってきたのです。実際、孫のような息子たちはかわいいし、時間的にも、経済的にも、精神的にも、自分自身にゆとりがある状態での育児参加は新鮮だったのではないでしょうか。夫は、息子たちとのかかわりを心の底から存分に楽しんでいるという感じでした。

親子で釣《つ》りに出かけたり、息子の友だちもいっしょに連れて野球観戦に行ったり……。父親として、かつてはできなかったことを、新たにできた二人の息子たちとの関係の中で取り戻しているように見えました。また、自身が経験してきたことを息子たちに伝えたいようでした。

授業参観にもよくいっしょに行きました。息子の高校では役員を引き受け、学園祭では焼きそば屋を担当。そんな夫の姿は本当に楽しそうでした。

たまに、私が一人で学校の役員会に行ったりすると、ほかのお母さんたちから「えっ！　今日は一人？」なんて言われるくらい、夫は積極的に学校行事に参加してくれました。だれとでも、すぐ仲良くなる人ですから、先生方や役員のお父さんたちとの懇親会《こんしんかい》には常に参加していました。

小学生のときには、親子でしょっちゅう釣りに出かけてい

息子たちと釣りを楽しむ夫

たのですが、息子は中学生になると、「ちょっと俺、明日は友だちと釣りに行ってくるわ」と言うようになりました。すると、夫は息子のために、自分の釣り竿《ざお》に、魚に合わせた浮《う》きをつけるなど、夜のうちに翌日の釣りの準備をせっせと始めるのです。息子のほうは「いいよ、いいよ。自分でやるから」と言っているのに、一生懸命に世話を焼いて、リュックに全部詰《つ》めてあげるのです。自分は置いていかれちゃうというのに……(笑)。そうした夫のかいがいしい姿は微笑《ほほえ》ましいくらいでした。夫のおかげで息子は釣りが大好きになりました。

また、夫は大学時代に卓球をしていたので、息子たちにもよく卓球を教えていました。夫の影響を受け、中学校で卓球部に入った息子は、部活動での練習を通じてぐんぐん上達し、ついに大会で優勝するまでになりました。息子が小さいころは圧倒的《あっとうてき》に強かった夫ですが、だんだんと勝てなくなりました。
　こうして息子たちによい影響を与えてくれたのです。

## 子どものためにがんばる

　息子たちは夫のことを「文《ぶん》さん」と呼んでいました。夫の仕事仲間や友人たちがみんなそう呼んでいましたし、昔から息子たちは「文さん」と呼んでいた

夫が得意の卓球で息子に猛特訓

ので、結婚後、本当の親子になってからもあえて「お父さん」と修正せず、いままでどおりの呼び方を続けました。

夫は息子たちに対しても、叱《しか》るときはしっかり叱り、ときには怒鳴《どな》ることもありました。でも、息子たちは、これといった反抗期もなかったように思います。私抜きで、夫と息子たちで連れだって食事に行くこともよくありました。

家族旅行で息子たちにゴルフを教える夫

夫は、「こいつらのためにもっと仕事をもっとがんばるぞ」というのが口ぐせでした。かつて、自分の存在価値を見失い、失望感と孤独感に苛《さいな》まれた経験があるだけに、結婚してからは息子たちの成長が生きがいであり、張り合いであり、生きる希望だったのでしょう。

「よ〜し！　おまえらのためにバリバリ働くからな！」

これは、息子たちに対して言うと同時に、自分自身にも言いきかせていたのだと思います。新しい家族ができたことで、夫の心はどんどん満たされていきました。

## 幸福は自分の心が決める

結婚したときによく「息子さんたちには、なんと言ったんですか」と質問されたり、「子どもは振《ふ》り回されて大変だ」といった批判《ひはん》もありました。

私は再婚するときに息子たちに意見を聞いたことは一度もありません。私が幸せなら、それを貫《つらぬ》くべきだと思っていました。

子どもに「ママ、結婚していいかしら?」とか「ママのボーイフレンド、どう思う?」なんて言われた子どもは戸惑《とまど》うと思います。とくに小学生くらいの子どもに大事な人生の決断を委《ゆだ》ねるのは違うんじゃないかという気がします。もしも、子どもが「イヤだ」と言って結婚をやめたとして、あとから、「あのとき、あなたがイヤだと言ったから結婚しなかったのよ」なんて言われるほうが、子どもとしてもよっぽど迷惑なことだと思います。

私は、自分の人生は自分の意思で決めたかったのです。自分の気持ちに正直に行動したかったのです。私が楽しそうにしていれば、息子たちも安心する。母親の笑顔が増えれば、子どもたちも笑顔になる。そう確信していました。

ただ、そんな心配はまったく必要ないほど、夫と息子たちは仲がよく、三人でいる姿は、私以上に楽しそうでした。

## 男としてのお手本を示す

「子どもが多感《たかん》な時期に再婚すると苦労するのではないか」という指摘《してき》もありました。

でも、幼児期を脱《だっ》して男の子になりつつある年齢のときに夫といっしょにいることができたおかげで、息子たちの人生は豊かなものになったと感じています。よく「子連れで再婚するなら小さいうちに」と言われる方もいますが、わが家の場合はむしろ、ある程度わかる年齢だったからよかったのではないかと思います。

夫は常々、「うちは男の子でよかった」と言っていました。「俺は男だから、男（息子）の気持ちがわかる」のだと。それは、私にとっても心強いことでした。

思春期になって、息子の帰宅時間が遅かったときなど、私は心配になってあたふたするのですが、夫は、「男なんて放《ほお》っておけばいいんだよ」とひと言。そう言ってくれるだけで、ホッとしました。息子たちがいちばん難《むずか》しい年ごろのときに父親がいてくれたことは幸運でした。

夫が見せてくれた子どもたちへの愛情。家族に対する姿。それらはすべて、男の子にとっては見事なお手本でした。身近な男性の生きざまを見せるモデルケースとして夫の存在は、息子たちの人生にとって、かけがえのないものでした。

私と結婚したとき、すでに夫はおじいちゃんほどの年齢になっていたので、社会人として成熟《せいじゅく》していました。ましてや社会の第一線で走り続けてきた人です。テレビという仕事柄、現役として働いている姿も息子たちは見ていますから、家庭でかわいがってくれる父親像だけではなく、社会人としての男の姿もいい形で見せてくれたわけです。年齢はおじいちゃんでも、彼らにとってはバリバリ働くお父さんでした。

夫の葬儀《そうぎ》を終えて息子たちと帰宅したとき、息子が遺骨《いこつ》の前で「文さんの偉大さを感じた。やっぱりテレビの仕事、やってみようかな」とポツンとつぶやきました。

夫は生前《せいぜん》、「どちらか一人でいいから、俺が五十年やってきたテレビの仕事をしてほしい。アナウンサーじゃなくてもいいから」と、毎日のように息子たちに話していました。夫は本当にテレビの仕事が好きだったのです。

幼《おさな》いころはそんなことにはまったく興味を示さなかった息子たちですが、大学生になった二男はテレビ局でアルバイトをしています。夫が生きていたらきっと大喜びして、あれこれとアドバイスしていたに違いありません。

余談《よだん》になりますが、最近、小さなお子さんがいて離婚する女性が増えていますが、「子どものために早く再婚してお父さんを……」なんて焦《あせ》ることはないと思います。

再婚の選択をするときには、まずは自分がその人といっしょに人生を歩みたいかどうかがいちばん大切だと思います。自分の人生は自分のもの。私は、夫のことが大好きで、結果として夫も息子を心から大切にしてくれましたし、息子たちも夫を愛してくれました。私の直感《ちょっかん》、判断は正しかったのだと、いまでも確信しています。

いまとなってみれば「よかった探《さが》し」が、たくさんできる結婚でした。

# 第五章

# みんなに祝福されて

# 嫁と姑の関係は円満そのもの

私たちが再婚したとき、義母《はは》（夫の母＝私にとっては姑《しゅうとめ》）は九十代でした。

「この子（文郎《ふみお》）を守ってくれる人ができた。これまで私は、この子が心配で、死ぬに死ねなかった。文郎の死に水を取ってくれる人が現れて安心した！」

義母は一人息子を目の中に入れても痛くないほどかわいがっていました。ですから、シニアになって妻に先立たれた息子を不憫《ふびん》に思っていたのです。そこへバトンタッチする嫁《よめ》が出現したわけですから、ようやく安心できたのでしょう。親戚の叔母《おば》たちともども、それはそれは、かわいがってもらいました。

私の最大の理解者だった義母（前列中央）の100歳のお祝い。
このとき、夫（前列左）は76歳

毎月、義母を訪ねると、親戚も集まってきて、女性たちだけでわいわいと楽しい時間を過ごしました。百三歳まで天寿《てんじゅ》を全《まっと》うした聡明な義母は、わが家の二人の息子のことも非常に気にかけてくださり、夫には、「あなた、子どもたちの就職のこともしっかり考えてあげなさい」などと助言《じょげん》してくれていました。

じつは義母も再婚しています。夫の父親はお医者さまで、戦争中、広島に軍医として赴き、そこで原爆に遭《あ》い、亡《な》くなりました。薬剤師をしていた母は、四十二歳のときに、一人息子（文郎）を連れて、子連れ同士で再婚しています。現代風にいうと「ステップファミリー」（再婚によって血《けつ》縁《えん》のない親と子がつくり上げる家族）になるかもしれません。

ご自身がこうした経験をしているからでしょう。義母は、私が息子たちを連れて夫と再婚したことにも深い理解を示してくれていたのです。義母と私は、嫁姑問題などにはまったく無縁でした。義母だけでなく、山本家の受け入れ態勢《たいせい》は十分で、親戚一同〝ウエルカム〟という感じでした。

夫の母親が若ければ、かわいい息子を嫁との間で取り合ったり、嫉妬《しっと》したりすることもあるのでしょう。しかし、そんな嫁姑問題と無縁でいられたのは、「年の差婚」のおかげかもしれません。

義母が再婚したとき、夫は大学生だったそうですが、新しい父親への遠慮もあったのでしょう。どことなくぎくしゃくとした関係だったそうです。

夫は「同じ立場だから（息子たちの気持ちが）よくわかる」とも言っていました。そしてまた同じように義母は子連れで再婚した私の気持ちもよくわかると言ってくれ、いつも「文郎は子どもたちとうまくやっているか」と、息子たちとの関係を気にかけてくれていました。

親戚の人たちも「よかった。文郎ちゃんは一人でフラフラ飲みに行って、夏なんか玄関で寝ていたりするから、いつか道で倒れて死んでしまうんじゃないかと思っていた。本当に由美ちゃんが来てくれてよかった。安心した」と、みんなが喜んでくれました。

嫁として、私はいろいろな面で恵まれていたと思います。

## 隠しごとをしないのが信条

夫は、かつて情報番組を担当していたことがあり、人さまにマイクを向けて話を聞き出す立場で仕事をしていました。ですから、「年の差婚」が話題になり、自分がマスコミにマイクを向けられる立場になったときにも、「全部さらけ出す」「聞かれたことには答える」というのが信条でした。私にも「聞かれたことにはすべて答えるように」と常々《つねづね》言っていました。

私は、夫に言われたとおり、家庭内のことや夫婦のことなど、聞かれたことはすべて、ありのままに答えていたのですが、今度は逆《ぎゃく》に「そんなことまでぺらぺらしゃべって……」と批判《ひはん》されたりもしました。そういうときにも山本家の親戚は、みんなでかばってくれました。

「由美ちゃん、いいじゃないの。世の中の人々にいちいち反論すると、ますますおもしろがられるから〝そうなのよ～〟って軽く受け流しなさい。注目してくれることはありがたいことよ！」

こうしてみんなが私の味方をし、支えてくれていたのです。

夫の長男夫妻と私は世代が近いため、何か決め事をするのもテキパキと進み、揉《も》めることもありませんでした。皆、冷静で大人でした。もしかしたら、一般的には少し特殊な環境だったのかもしれませんが、私は本当に幸運でした。

知らない人から見たら、三十一歳という年の差だけでも驚《おどろ》きでしょう。さらに、年ごろの子どもを二人連れての再婚で、不安な要素がたくさんあるように見えたに違いありません。でも踏《ふ》み出してみたら、意外にも、パズルのピースが一つずつはまっていくような、収《おさ》まりのよい、そんな結婚だったのです。

自分の気持ちに正直に「あっ、こっちだな」と感じたときには、信じて進んでみる。余計なことは考えすぎないで、自分のインスピレーションを大切にする。そのほうが幸せに近づくのではないでしょうか。

周りの意見に耳を傾《かたむ》けることも大切ですが、一度きりの人生です。自分で選んだ道だからこそ、人のせいにすることなく、納得して前に進むことができるのだと実感しました。

## 第六章

# 飾らない素顔

# 徹底した健康管理

結婚生活は忙しかったけれど、充実して楽しいものでした。

私は、夫の糖尿病《とうにょうびょう》を改善したかったので、「食事は自宅で」を徹底《てってい》し、朝食には毎日、ヨーグルトと玉ねぎのスライスを欠かしたことがありません。私もいっしょに仕事に行くため、手の込んだものはできませんでしたけれど、いろいろと体のことを考えて食事を作りました。

結婚してからはスーパーに買い物に行くときにも、いつもいっしょでした。というのは、私のことを心配し、自転車で出かけようものなら、「自転車なんて危《あぶ》ない危ない！　タクシーを使え！」などと言い出すのです。ですから、いつしか歩いていっしょにスーパーに行くようになりました。夫にはちょうどよい運動になるからいいかな、という気持ちもありました。

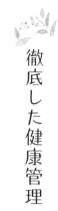

買い物に行く時間が遅くなると、並んでいる商品に割引《わりび》きのシールが貼《は》ってあったりします。

最初のころは、そうした商品に私が手を伸ばすと、夫はすかさず、「やめろよ。みっともない！」と言いました。「だれが見ているかわからないから、値引き商品なんかに手を出すな」みたいなことを言うのです。テレビに出ている夫の顔はだれもが知っていますから、値引き商品を買っている姿を見られることを気にしているようでした

あるとき、私は諭《さと》すように、こう言いました。

「ねえ、あなたさまはいつも私に『相手の立場になって考えろ』と言うじゃないですか。どうしてスーパーで値引き商品を買うことが恥《は》ずかしいことなの？　スーパー側《がわ》からしたら、この商品は早く買ってもらいたいということでしょ。買う人がいなければ捨てられてしまうかもしれないじゃ

ない。捨てられたらスーパーの利益《りえき》にならないし、せっかくの商品もムダになります。私たちは今日すぐに食べるわけだから、こっちを買ったほうが得でしょう。値引き商品を買うことは、お互いウィンウィンじゃないの？」

「本当だな。おまえの言うとおりだ」

それ以来、夫は私の意見を聞き入れてくれ、率先《そっせん》して値引き商品を手に取るようになりました。

私よりずっと人生の先輩ですけれど、正しいと思ったことは、ちゃんと受け入れてくれる懐《ふところ》の深さがありました。年齢とともに頑《かたく》なになることもなく、私の言うことを素直に認めてくれる柔軟《じゅうなん》な性格をあらためて尊敬しました。尊敬が愛に変わる私の恋愛法則は、こんなささいなことでも、ますます深まっていきました。

これは、スーパーでのほんの小さな出来事ですが、こうしたことがいっしょに暮らしていくうえで大切なのです。こうしたやりとりがいろいろな場面で応用されれば、夫婦はうまくいくように思います。

食事も、私が出したものに文句《もんく》を言ったことは一度もありませんし、手をつけなかったこともありませんでした。

トマトに黒酢《くろず》と黒砂糖を少しだけかけて出したときには「俺、こんなに長い間生きてきて、トマトに黒砂糖が合うなんて初めて知ったよ。こんなにおいしいんだ」と喜んでくれましたし、野菜をたっぷりと入れた大好きな豚汁《とんじる》もよく食卓に登場しました。

いつも、「おまえの作ったものは全部、日本一だ」と、残さずに食べてくれたおかげで、私はますますがんばろうと思えたのです。

## 世界でいちばんスーツの似合う男

私はよく顔のマッサージもしてあげました。男性は体のマッサージはしても、なかなか顔のお手入れまでやる人は少ないのではないでしょうか。高齢の男性はなおさらです。

テレビに出る仕事では、肌《はだ》がとても大切だと思います。とくに、最近のテレビは細かい粒子《りゅうし》までよく映りますから、気を配らなくてはいけません。

「顔のマッサージをするから、ちょっとここに寝て」と言うと、嫌《いや》がることなく、すんなり横になります。

また、私は「山本文郎ほどスーツが似合う人はいない」と思っていましたから、毎朝「あなたさまほどスーツが似合う男性はいないわよ」と褒《ほ》めていました。もちろん言われたほうも気分がよかったと思います。

普段、家では夏はステテコに草履《ぞうり》とか、短パンにポロシャツといった格好ですし、子どもと犬をこよなくかわいがる、ごく普通のお父さんなのですが、スーツを着るとパリッとして、本当に見栄《みば》えがするのです。

そんな夫にも意外な一面がありました。気が短いのです。

デパートに行き、いっしょにあれこれ見ていたときのこと。

「あら、これすてきね」と手にとると、すぐに「買えよ！」と言うのです。私は「すてきね」と言っただけなのに……。

私のほうは別に買いたいわけじゃなく、いろいろと見て歩いて楽しみたいだけなのに、夫は、「ほら、次行くぞ。買うのか、買わないのか、はっきりしろ」といった調子ですから、ウインドーショッピングなんて到底《とうてい》無理でした。そういう面では男っぽいというか、気の短い一面がありました。

ニコニコとテレビに映っている穏《おだ》やかな雰囲気からは想像できないかもし

れません。

## 二十四時間いっしょの二人

私たち夫婦は二十四時間いっしょでした。家庭はもちろんですが、仕事を手伝うようになってからは現場にもついて行きましたし、結婚してからは二人で出演する番組やロケなども増えていきました。

家の中でも私は一人になる時間はなく、いつもいっしょ。ですから、もしかしたら、三十～四十年連れ添《そ》ったご夫婦よりも、私たちのほうがいっしょにいた時間は長かったのではないかと思います。

朝、「いってらっしゃい」と送り出したら、帰宅は家族が寝静《ねしず》まってから。ゆっくり話す時間もないというご夫婦もたくさんいらっしゃることでしょ

２人でロケの途中。山形県酒田市で

う。

しかし、私たち夫婦は常に同じ時間を過ごしました。私たちの結婚生活は、期間は短くても密度の濃《こ》い時間を共有できたと思います。実際に結婚していた期間よりも、ずっと長い時間をいっしょにいたような気がしています。

毎朝、私たちは笑顔とハグから一日をスタートします。そして、私の視線の先にはいつも夫がいる――そんな結婚生活でした。

「あっ、トイレに行ったな」「トイレを出たな」

そんな一挙手一投足にも、自然と気を配ります。健康管理は私の仕事――そんなふうに思っていたので、夫がトイレから出た後は、トイレの臭《にお》いなどもチェックして、日々の体調を気にかけていました。そんなことをしているなんて、夫はまったく気づいていなかったでしょう。

最後のツーショット宣材写真

妻であり、マネージャーであり、看護師でもある。それができるのは私しかいない、と自負《じふ》していました。何しろ「覚悟婚《かくごこん》」ですから……。「家族のために」と大好きな仕事に意欲を燃やしている夫を全力で支えたい。少しでも長く現役《げんえき》で仕事をしてほしいという一心でした。私は、テレビに出ている夫を観るたびに幸せな気持ちになっていました。

私たち夫婦はいつもいっしょでしたから、飲み会などはもちろんのこと、夫の中学や高校の同窓会にもいっしょに参加していました。

「行くぞ。おまえもだよ」と言うので、私もノーとは言えません。まあ、同級生の方々にしてみれば、三十一歳も年下の女房《にょうぼう》を連れてくるのですから、ものめずらしさもあり、大歓迎してくれました。ですから私も、毎回いっしょに楽しませてもらいました。

# 第七章

# 尊敬できるボス

# プロフェッショナルの陰の努力

私たちはずっといっしょにいましたけれども、ほとんどけんかはしませんでした。けんかする暇《ひま》もなかったというのが正直なところです。

仕事を終えて帰宅し、食事を済ませるとミーティングが始まります。翌日のスケジュールを確認したり、台本を読んだりと、いつも次の仕事の打ち合わせが待っています。

結婚してすぐのころ、私が洗い物をしているとソファに座《すわ》っていた夫がにこやかに、テレビに出ている顔で身振《みぶ》り手振《てぶ》りも加えながら何かブツブツとしゃべり始めました。

「何してるの？　あなたさま、大丈夫？」

最初は驚《おどろ》きましたが、夫は翌日の仕事のシミュレーションをしていたのです。いつもそうなのです。長年、プロとして走り続けている人の努力を知った瞬間でした。ベテランであっても、決して気を抜くことなく、仕事に挑《いど》み続ける姿勢をあらためて尊敬しました。こうして、二人で仕事をするときにも何度もシミュレーションをして臨《のぞ》みました。

夜、家でテレビのニュースを観ていても、夫は「違うだろ！」といつもキャスターにダメ出しをしています。

私は東京生まれ・東京育ちの生粋《きっすい》の江戸っ子なので、イントネーションに関しては完璧《かんぺき》な標準語と自負《じふ》しています。一方、アナウンサーの夫はしゃべりのてっぺんをとったプロ中のプロです。

ときどきテレビを観ていてイントネーションのことで意見が食い違うことがあります。

「いまの、おかしいわよね？」

「どこがおかしいんだ！」

するとすると夫はすぐに、手の届くところに置いてあるアクセント辞典を開いて確認するのです。

「あっ、いまのはおまえのも正しいけど、俺《おれ》のも正しいな」

ちょっと普通の夫婦ではあり得《え》ない会話ですが、ちゃんと私の言ったことも認めてくれますし、その反面、アクセントや話し方に対しては厳《きび》しくも熱心な仕事人です。間違えていないかをすぐに調べられるよう、アクセント辞典を身近に置いているのです。

ある番組にマネージャーとしてついて行ったときのこと。いろいろな年代の出演者がずらりと並んだ現場のカメラの後ろで、私は収録を見守っていました。

そのとき、スタッフに言われた言葉が忘れられません。

「由美さん、見ててごらん。この中で二年後に残っている人は、どれくらいいると思う？　ほとんどの人は消えていくんだよ。文《ぶん》さんが五十年間、テレビに出ているっていうことは、いかに努力しているかってこと。いかに周りの人に愛されているかってことなんだよ」と。

本当にそうだと思います。だれにでも聞きやすい好印象のしゃべりの陰《かげ》で、たゆみなく努力している姿を間近で見ていただけに、その言葉が心に染《し》みました。いっしょに仕事をしていたからこそ、夫の努力がどれほど大変なことなのかを理解できたのです。

## 家ではあなたさま。仕事場ではボス

私は家で夫のことを「あなたさま」と呼んでいました。そして、玄関から一歩外へ出ると仕事上の「ボス」に変わります。私にとっては、ひたすら尊敬するボスです。もともと尊敬の念から、「あなたさま」と呼ぶようになりました。

家では私の言うことを素直に聞いてくれるやさしい夫ですが、外では立場が逆転します。荷物はすべてマネージャーである私が持ち、ボスの後を必死でついて行くのです。

あるとき、名古屋でタクシーに乗ったところ、私の存在を忘れて自分だけで発車してしまったことがあります。私は必死で「待ってくださ〜い！」と車を追いかけました。仕事になると、まるでスイッチがあるかのようにモードがオンに切り替《か》わる、そんな一面もあります。だから、私は仕事のことには一切、口出しはしませんでした。言われたことを、言われるがままに「はい」というのが私の仕事でのスタンスです。

アナウンサー・山本文郎《やまもとふみお》は、スタジオでカメラの前に立つとオーラがパァッと放《はな》たれます。それはそれは、不思議でした。ただただ、尊敬のまなざしで見つめるばかりです。

でも、家に帰るとそのオーラは一瞬にして姿を消し、立場は逆転します。「お風呂に入ってください」とか「〇〇してください」と、すべて私の指示のもとで動いてくれるのです。また、普段は家の中でお酒を飲んで、だら〜んとしているのが大好きでした。

こうしたオンとオフ、外と内の切り替えぶりも、プロゆえなのでしょう。カメラの前でオーラを放ち、家ではだら〜んとする。それは見事なほど対照的な姿でした。

世間の奥さまたちは、なかなか職場で働いているご主人の様子を見る機会がありません。もしかしたら、家の中でのオフモードの姿しか知らないという方もいらっしゃるかもしれません。そのため、長らく夫婦をやっているとと尊敬できなくなってしまうこともあるのではないでしょうか?

それに比べたら、私はなんという役得《やくとく》なんでしょう。いっしょに仕事場に行き、大御所《おおごしょ》アナウンサーのプロフェッショナルな努力も間近で見ることができたのです。夫の仕事人としての表の顔も、家庭のお父さんとしての裏の顔も、全方向の夫の姿を余すところなく見ることができたのです。こんなにうれしいことはありません。それができたことに、いまでも感謝しています。

## 結婚生活に悔いはなし

私たちの結婚については、三十一歳という年の差が注目されました。同じ三十一歳という年齢差であっても、二十代と五十代のカップルと、私たちのような四十代と七十代のカップルでは、結婚の動機も、決め手も、生活パターンも、夫婦のタブーも、まったく異《こと》なることと思います。

私たちの場合は、四十代と七十代だったことが、非常にうまくいく要因の一つだったと思います。そして、もう一つの要因は、タイミングがよかったことです。

マイクの前に立つことは、夫の仕事でもあり、生きがいでもあった

お互い、一度結婚していたという点では、結婚に対する経験値《けいけんち》があるわけですし、女性も四十代にもなれば、相手に何かしてもらいたいと望むよりも、自分が変わっていくほうが早いということがわかっています。七十代の相手に「人生の終盤《しゅうばん》、こいつと結婚してよかった」と思ってもらえるかどうか。それが私の結婚生活の最大の課題でしたし、それをクリアできる自信もありました。

夫の人生を支えるために、私のすべてを捧《ささ》げ、尽《つ》くしていこう――そんなふうに思えたのは、私が四十代だったからだと思います。若かったら到底、思えなかったでしょう。

四十代ともなれば社会的にも、経験的にも、一人でやっていくスキルはそこそこあります。子連れで離婚しているのですから、乗りきっていく覚悟もあります。それでも「この人のために」と思える人にめぐり逢えたことが、私にとって最大の幸運でした。

もちろん、それがすべての人にあてはまるとは思いません。結婚というのは、人それぞれのタイミングがあるものだと思います。私たちはベストなタイミングで再会し、お互いが必要な年代だったからこそ、結婚に至ったのです。

## 結婚は二度目からがおもしろい

それにしても、私たちはつくづく縁があったんだな……と感じます。六歳のころから知っていたおじさんが、まさか将来、夫になるなんて！　もしも当時の私に会うことができたら、どれほどびっくりすることでしょう。

いま思うと、私たちは「お互いに必要なものを提供し合える夫婦」だったような気がします。それもお互いが二度目の結婚だったからこそです。

一般的に、最初の結婚は若いときが多いものです。ある面では結婚生活の練習期間みたいなもの。家庭とか、子どもとか、人としてもそうなのかもしれませんが、何かをつくるということにエネルギーが向かっていきます。

しかしながら、二度目になると、自分自身がいかに心地よい時間を過ごせるか、充実した人生を送れるかといった、自分の理想や目標のためにエネルギーを向けられるのではないでしょうか。それこそが本当に自分のための結婚だという気がします。だからこそ、結婚は二度目からがおもしろく、楽しいのです。

第八章

# 突然やってきたお別れの日

# いつもと変わらぬ晩酌

二〇一四年二月二十日。私たちは二人で司会の仕事をした翌日、モデルのすみれちゃん（石田純一さんの娘さん）のファーストコンサートに向かいました。

お酒が好きな夫は、会場のヤマハホールに行く前に、銀座「ライオン」に立ち寄り、注ぎたての生ビールを一杯、本当においしそうに飲み干《ほ》しました。

「ハァー！　うめ〜！」

それが最後のお酒になりました。

コンサートが終わって帰宅し、夜十二時過ぎに寝室のベッドに腰掛けた夫は、「なんだか胸が痛いな」と言うのです。

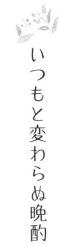

「何かあったらいけないから病院行こうか」

「いや、それほどでもないから、ちょっと様子を見るよ」

しかし、しばらくすると今度は、「背中も痛てえな」と言い出したのです。これは放置しておいてはいけないと感じ、すぐに車でかかりつけの病院に向かいました。

夫は持病の糖尿病《とうにょうびょう》に加え、心臓の弁の動きも悪くなっていました。高齢であったので、眼《め》や脳などを定期的に診《み》ていただけるよう、検診の予定を先々まで組んでありました。毎月のスケジュールは、病院と仕事で常に埋《う》まっているという状態だったのです。おかげで、膀胱《ぼうこう》がんの初期症状を早期発見し、手術したこともありました。「あのとき診てもらっておけばよかった」とならないように、最善を尽くしておきたかったのです。

夫も、私と結婚してからは「長生きしなくちゃ」という思いから、糖尿、心臓、眼科、脳……と、さまざま検診を嫌《いや》がらずに受けていました。

それでも、いままで「背中が痛い」と言ったことは一度もなかったので、夫の体に何が起きているのか、私は不安でいっぱいでした。

## わずか四日の入院

深夜の病院で、すぐにレントゲン撮影をしてもらった結果、病名は「肺《はい》胞《ほう》出血」だと告げられました。

肺胞出血とは、肺の中にある肺胞を取り巻いている毛細血管から出血するものだそうです。夫は四十二歳のときから糖尿病を患《わずら》っていたので、血管がもろくなっていたのです。そこからジワジワと血液がにじみ出て、肺に血液がたまってしまったのです。

「肺が血液で溺《おぼ》れたような状態で、命にかかわります」

すぐに入院し、治療が始まりました。ただ、本人は意識もはっきりしており、元気に食事もできます。ときどき吸引《きゅういん》をしないと苦しそうにするのですが、肺にたまった血液を出してしまえばケロリとしています。どう見ても、それほど厳しい状態とは思えませんでした。

ただ、二日経《た》っても、三日経っても出血が止まりません。

お医者さまからは、「出血が止まらなければ死に至ります」と言われましたが、目の前の夫には、そんな気配はありません。点滴《てんてき》をしているわけでも、呼吸器をつけているわけでもなく、いたって落ち着いていました。

「明日の仕事は大丈夫か？　収録が入っているよな！」「早く帰ろう。仕事があるだろう」などと仕事のことを心配していました。また、私と離れることが寂しいのか、私をエレベーターホールまで見送ってくれるほど元気なのです。お医者さまも「普通はもっと苦しいんだけれど」と首を傾《かし》げるくらいでした。

しかし、四日目の夜、容態が急変。家族や身近な人たちに連絡をして来てもらいました。仕事仲間や後輩も駆けつけてくれました。酸素マスクをつけた夫は、みんなの顔を見るなり、「おう、なんだよ〜。来てくれたの?」と声を上げ、みんなに聞こえるような大きな声で「俺は、もうひと花咲かせるからよ!」と言ったのです。集まってくれていた皆さんが一斉に笑い出しました。

「なんだ、心配したよ」「じゃあ、大丈夫だね」

夫やお見舞いの方々の笑い声が病室に響《ひび》きました。私もつられていっしょに笑いましたが、気が動転して、目の前で起きている現実と事態の重さを受け止めきれず、内心は混乱していました。

## 最期の瞬間

深夜、皆さんが病室をあとにし、夫の長男夫妻も、「大丈夫そうだから一度帰るよ」と、病室を出てすぐのこと。

「もうみんな帰ったのかい？」と夫の声がしました。

「ええ、私だけですよ」と私が答えた途端《とたん》、「苦しい」と言い、急に激しく苦しみ出したのです。

病院の駐車場に向かっていた長男夫妻にすぐに連絡し、病室に戻ってもらいました。すると、まもなく夫の意識はなくなりました。

それから数時間後、私と長男夫妻の三人が見守るなか、二月二十六日・午前二時六分、夫は旅立っていきました。

病室で二人きりにしてもらい、私はあらためて夫を見つめました。ハグをして、キスをして、そして頭の先から足の先まで、その体にくまなく触《ふ》れて、あらためて存在を確かめました。姿・形もまったくいつもと変わらない元気な夫のままでした。体はまだ温かく、亡くなったなんて、どうしても信じることができませんでした。

まさか本当に逝《い》ってしまうとは……。わずか四日間の入院で、その間も仕事のことを心配して、「早く退院しなきゃ」「仕事で迷惑がかかる」と言い続けていましたし、二時間ほど前には、みんなに囲まれて笑っていたのに……。唖然《あぜん》としているという表現がいちばん近かったのかもしれません。

何も考えられずにいた私を気遣《きづか》ってくれた夫の長男は「喪主《もしゅ》は由美子さん。そばにいますから」と言って、この後のことをすべて決めてくれました。本当に心強く感じました。

夫は交友関係も広かったので、近所で葬儀屋《そうぎや》を営《いとな》むゴルフ仲間の息子さんがすぐに来て、すべてを仕切ってくれました。また、マスコミ対応などは、ＴＢＳの方々が引き受けてくださいました。

自宅に帰ると電話が鳴りっぱなしでしたが、生前《せいぜん》、夫が「マスコミに聞かれたことには全部答えろ！」と言っていたことを思い出し、「自分で話せることは話そう」と、朝まで一睡《いっすい》もせずに電話対応を続けました。

朝になり、息子がテレビをつけると、自宅の前にリポーターがおり、わが家が生中継されていて驚きました。

こうして、突然の夫の死から、怒濤《どとう》のような日々が過ぎていったのです。

「あの人らしい最期《さいご》だったな」と、つくづく思います。亡くなる直前まで仕事をして、「じゃあな！」というように最後の病室で皆さんに笑顔だけを残して逝くなんて……。

　あのときは、どう受け止めていいのかわかりませんでしたが、いまでは、「みんなにうらやましがられる逝き方だった」と、心から思います。亡くなる数日前まで仕事をし、大好きなビールを飲み、笑顔の印象だけを残してあの世へ旅立つとは、あっぱれです。

　いまでも私の隣にはいつも夫がいて、私の仕事を心配そうに、あるいは楽しそうに、見守ってくれている気がしてなりません。いや、毎日、私といっしょに仕事に出かけ、あの笑顔を見せ、終わると、おいしそうにビールを一気飲みしていることでしょう。


　あなたさま、ありがとう。

棺に入れた夫の衣装

特別対談

## 長寿社会を生きる女性たちへ

# いつも笑顔で！　もっと笑顔で！

## 海老名香葉子さん × 山本由美子

いま、日本で配偶者《はいぐうしゃ》を亡くした人は、六十五歳以上だけで八六〇万人を超え、この数は年々増加しているといわれます。

夫の死という大きな悲しみと向き合い、それを乗り超えた女性たちが、残された人生を、はつらつと心豊かに生きていくにはどうしたらいいのでしょうか？

初代・林家三平《はやしやさんぺい》夫人でエッセイストの海老名香《えびなか》葉子《よこ》さんと、山本由美子がそれぞれの経験を交《まじ》えながら繰り広げる本音トークのなかに、ヒントがちりばめられています。

山本由美子（左）と海老名香葉子さん（右）

「こんばんは。落語特選会。東京は三宅坂《みやけざか》にございます、国立劇場からの中継放送。お話は、劇作家の榎本滋民《えのもとしげたみ》さんです」

昭和四十七年から、およそ三十年にわたって深夜に放送されていた「TBS落語特選会」。古今亭志ん生《ここんていしんしょう》や桂文楽《ぶんらく》、三遊亭円生《えんしょう》をはじめとする伝説の高座《こうざ》が次々と収録・放送され、絶大な人気を誇《ほこ》った長寿番組でした。

この番組で、聞き手を務めていたのが、TBSの山本文郎《やまもとふみお》アナウンサーだったのです。

**海老名香葉子**　うちの人(故・初代林家三平)と文《ぶん》さん(故・山本文郎)とは、もう五〇年以上のおつきあいだったんじゃないかしら?

ねぎし三平堂では、林家三平師匠が出演していた当時のテレビ番組などがVTRで流されており、山本文郎が司会をしていた懐かしい映像も…

**山本由美子**　ええ。主人がまだ新人のころに、三平師匠が出演してくださったのが最初の出会いだったと聞いています。

**海老名**　文さんは落語にお詳《くわ》しくてね。家《うち》にもよく来てくださっていました。

**山本**　落語が大好きでしたから。三平師匠が、「眉《まゆ》毛《げ》の下がり具合が俺に似てる」と言ってくださって、「遊楽亭四平《ゆうらくていよんぺい》」という名前をいただいたという話を、しょっちゅうしていました。

**海老名**　ああ、そうそう。そうだったわねぇ。いま、この「ねぎし三平堂」で流している初代の映像は、文さんが司会をしてくださったものです。

**山本**　私はこの場所に来ると、心がふっと温かくなります。ここにお邪魔すれば、こうして現役《げんえき》時代の主人に会えるんですもの。

## 「内助の功」で夫婦円満・和楽の家庭

**山本**　私は子どものころ、テレビで見ていた三平師匠の姿をよく覚えています。「もぅ大変なんすから」とか「どうもすいませ～ん！」というあのしぐさはすごい人気でしたね。

**海老名**　テレビに出るようになってからは、本当に大変でした、分刻《ふんきざ》みでね。でも、それまでが長かったですから。

**山本**　そうなんですか？

**海老名**　そう。ねぎし事務所は大正時代からありまして、私の夫の時代は内弟子さんはたくさんいたんですけど、番頭さんはいないし、事務員もありませんでしたから、朝起きてから寝るまで、みんなの

食事のしたくも、番頭の仕事も、事務のことも、全部、私が一人でやりました。噺家《はなしか》さんの家ではどこもみんなそんな感じですけどね。

**山本**　ご結婚されたのは？

**海老名**　昭和二十七年に結婚して、二十八年に長女の美どりが生まれました。でも、夫はまだ二つ目になったばかりでしたから、収入がないんです。私はせっせと内職していました。おもちゃやマッチ箱にラベルを貼《は》ったり。二十九年は内職、内職（笑）。

**山本**　文字どおり、内助《ないじょ》の功《こう》ですね。

**海老名**　あるときね、着物を持って質屋《しちや》さんに行ったの。

**山本**　おかみさんの着物ですか？

**海老名**　私の着物はすべて空襲《くうしゅう》で焼けてしまいましたけれど、夫の着物が少し残っていたので、それを持って。まだ若かったから、質屋さんに入るのが恥ずかしくて、周辺をぐるぐるぐるぐる歩き回って、人がいないときを見計らってスッと入るの。そうやって工面《くめん》したお金で電話を一台買いました。電話を取りながら内職をして（笑）。でも、そのうちに仕事の電話がたくさん入ってくるようになって。そこからはすごかったんです。

## 夫に先立たれた妻の喪失感と孤独感

**山本**　三平師匠が亡くなったのは、おかみさんがおいくつのときだったんですか？

**海老名**　四十六歳でした。その翌年には私にいろいろ教えてくれた姑《しゅうとめ》も、後を追うように亡くなってしまって。悲しい出来事が二年続いたので、私は三八キロまで痩《や》せてしまったの。もうガリガリ。「おかみさんが倒れたら大変だ」と、みんながいろいろ心配してくれました。

あなたはお若いから、文さんが突然、亡くなったときは、ショックだったでしょう？

**山本**　正直、主人が亡くなってすぐは実感がなかったんです。もちろん、お葬式はしましたけど、それよりも主人と約束していた「引退式」をきちんとやり遂《と》げなくちゃいけないという気持ちで、無我夢中でした。

**海老名**　気を張っていらしたんでしょうね。

**山本**　ええ。ですから、引退式を無事に終えてホッとした途端、だんだん気持ちが沈んできました。食欲もなくなり、体重も減り、「これから先、私はどうしていったらいいのだろう？」とボーッと考え込む時間が増えていきました。

それで、「何かヒントがあるかもしれない」と、主人が通《かよ》った早稲田大学のキャンパスに行って、授業を受けてみたり、学食で過ごしたりしました。

「ちょっと俺《おれ》の代わりに行っ

てみてよ」と言われているような気がして、主人が過ごしたであろう場所に身を置いて追体験《ついたいけん》をしながら、主人の姿を追っていました。

**海老名**　一人になると寂しいわよね。私も、うちの人がいたころはなんでも話していたの。と言っても、あの人は疲れてるから、いびきかいてグーグー寝ているんですけど（笑）、それでもいいから、横で寝顔を見ながら「聞いててね」と話していたの。だから、亡くなってからは、夜になると本当に寂しかった。

**山本**　あっ、わかります。昼間、動いているときはいいんですけど、夜になると家でぼんやりしてしまって、ハッと我《われ》に返ると涙が出てきたりしました。

私は主人に「こうしてほしい」という要望は、なに一つありませんでした。ただただ、長生きしてほしかったんです。私の結婚生活は、そのためにあったと言ってもいいくらいです。そのすべてをかけていた存在がいなくなってしまったときに、ジワジワと寂しさが押し寄せてきました。

## 必死になったときに底力が湧いてくる

**海老名**　私はね、うちの人がいたころは外《そと》にはほとんど出ない生活だったの。なにしろ、靴が一足しかありませんでしたから。

**山本**　一足ですか？　本当に？

**海老名**　だって、靴を履《は》く必要がないくらい、家の中のことをしていたんですもの。だから、亡くなったときは、「どうしよう？」

と思ったわ。弟子たちもたくさんいるし、行事がいっぱい詰《つ》まっているし、まだ子どもは働き手ではないし。そうしているうちに、だんだんお金がなくなってきちゃって……。

**山本**　どうなさったんですか？

**海老名**　たまたま「本を書きませんか」というお誘《さそ》いをいただいて。「私は無学だから書けません」と言ったら、出版社の方が「おかみさん、心を書けばいいんですよ」とアドバイスしてくれたの。「あぁ、そうなのか」と思って、広辞苑《こうじえん》やら漢和辞典やらを脇《わき》にたくさん置いて書き出したの。

**山本**　そうしたら？

**海老名**　ベストセラーになっちゃったの。三七万部も売れたのよ。それから、どんどん「書いてください」というお話をいただいたんですけど、「もう、書けません」とお断《ことわ》りしたの。そうしたら今度は、「じゃあ、体験を話してくれませんか」ということになったの。でも、それまで靴を履くことすらないような生活をしていたから、人前で話すなんて、足がブルブル震《ふる》えちゃって。

**山本**　噺家《はなしか》の奥さまでも、人前で話をするのは大変なことなんですね。

**海老名**　それはそうですよ～、あなた。いざとなると頭が真っ白になっちゃってね。そのころ、(長女の) 美どりがついて来てくれて、よく代わってくれましてね。
「母は初めてここにまいりましたもので、ちょっと上がってしまってしゃべれなくなっちゃいましたので、私が代わりに話します」って。

**山本**　頼《たの》もしいですね。

**海老名**　美どりの次はこん平で、「おかみさんは初めてここにまいりましたもので……」と (笑)。一年くらいはそんな感じでした。付き人の二人のほうが人気があるの。

**山本**　おもしろい！　そこからテレビでのご活躍が始まったんですね。

**海老名**　はい。テレビ局から「身の上相談をやってみませんか」って言われましてね。でも、私はうまくしゃべれないものだから、せめて相談者の話を一生懸命、聞こうとしていると、そのうち涙が出てきて、「それは苦しいわ」なんて言うでしょ。そうすると相談者はますますしゃべってくれるから、プロデューサーさんに褒《ほ》められましたよ。

**山本**　しゃべれないことがむしろ、よかったんですね。相談者はなにかを言ってほしいわけじゃなくて、聞いてもらいたいという気持ちでいっぱいなんですものね。

**海老名**　そうなんですよ。それでとうとう毎週一回の番組を、一〇年も続けました。いまも忘れられない番組がいっぱいあります。

**山本**　それにしても、三平師匠亡き後、林家一門を切り盛りしていくのは、並大抵《なみたいてい》のご苦労ではなかったでしょうね。

**海老名**　そりゃあ、もう。とにかく働かなきゃ。襲名《しゅうめい》だ、昇進《しょうしん》だと、とにかく次々にお金がかかるでしょ。私の腕にみんなかかっているんですもの。弟子たちのことだってあるから、なんとかしなくちゃって。

**山本**　おかみさんのお話をうかがっていると、人間って「だれかのために」と思うとがんばれるものなんですね。自分のためだけなら「これくらいでいいかな」って、限界を決めてしまう気がしますけど、「人のために」「家族のために」と思うと、底力が湧《わ》いて来るんですね。

**海老名**　そうなのかもしれませんね。とにかく稼《かせ》ぎ手は私だけですから。エンヤコラさです。

**山本**　それにしても、ずっと家にいたおかみさんが、本を書いたり、テレビに出たり、講演したりと、新しいことに挑戦されてみて、「やってみたら意外と楽しい！」と思われたりはしませんでしたか？

**海老名**　私はね、やっぱり家にいて、弟子たちがみんな集まって、すいとん作ったりしているほうが好きですね。

**山本**　こんなに大活躍されていても？

**海老名**　そう。家にいるのがいちばん好き。

**山本**　私は主人と結婚するまではマネージャーとして、表に出ることは一切なかったんですけど、結婚後は二人でテレビに出演させていただく機会が増えたんです。

**海老名**　そうですね。お二人で出ていらしたテレビ、見たことあります。

**山本**　じつは、主人はどちらかというとバラエティー番組は苦手《にがて》でしたし、あまり好きではなかったようです。でも、素人《しろうと》の私は、「バラエティーはおもしろいな」と感じていました。どんどんしゃべることができますし、とても楽しかったんです。そうしたら、主人が「俺はいままでバラエティーは苦手だったけど、おまえと二人での出演なら出るよ！　いただいた仕事は断らず二人でやろう！」と言って、それからたくさんのバラエティー番組に出していただきました。

主人と仕事をすることで、いろいろな経験ができたり、自分でも気づかなかった一面を引き出してもらえて感謝しているんです。

## 浮気を「芸の肥やし」にできるかは妻次第

**海老名**　私は、とにかく忙しかったのと、弟子や子どもをなんとかしなきゃっていう気持ちで、お仕事のお話をいただいたら、考える余裕もなかったわ。そういえば、『週刊平凡』とか『サンデー毎日』という雑誌でタレントさんとか政治家さんと対談する企画もずいぶんと長くやらせてもらいました。私が出向《でむ》いて行ってお話をうかがうんですけど、最初は「私はお話なんて引き出せませんよ」と言っていたの。そうしたら、編集部の方が「おかみさんは座っていてくれれば、ぼくたちが引き出すから大丈夫《だいじょうぶ》」と言ってくださってね。マスコミの方々にはずいぶんと助けてもらいました。

**山本**　三平師匠がおかみさんのことを守ってくれたんですね。マスコミの人たちも師匠のことをご存じだったたし、師匠のファンもたくさんいらっしゃったでしょうから。

**海老名**　そうねぇ。対談相手が決まると、事前にいろいろな資料を送ってくださるんですけど、忙しくて読んでいる時間がないの。だから私が聞くのはたった一つ。男の人に対しては「浮気《うわき》はしませんか?」って(笑)。

**山本**　ええっ?　おもしろい。どうしてその質問を?

**海老名**　うちの人がよく遊んでいましたから。

**山本**　なるほど～（笑）。それで答えてくださいましたか？

**海老名**　ええ。皆さん、話してくれました。

**山本**　最近も、不倫《ふりん》の話題が世間を騒《さわ》がせていますよね。

**海老名**　多いですよね、本当に。奥さんの立場としたら、そりゃあ悔《くや》しいわね。うちも浮気して帰ってくると大ゲンカでね。物を投《な》げたりしましたよ、子どもにわからないように。

**山本**　そんなことがあったんですか。

**海老名**　いつもそうでしたよ。

**山本**　ええっ！

**海老名**　私は怒《おこ》るときは徹底して怒りました。「浮気して、こんなに毎晩遅くて、いったいい芸のほうはどうするつもりです！」ってきつく云《い》って、最後には主人に一筆、書かせました。

**山本**　一筆ですか？

**海老名**　「芸道《げいどう》に励《はげ》んで専一《せんいつ》に香葉子を愛します」って書いてもらいました。

**山本**　さすがおかみさんですね。すばらしい！

**海老名**　だけどあなた、考えてもごらんなさい。外できれいな人と出会ったり、仕事したりすれば、スーッと一瞬、気持ちがいっちゃうこともあると思うのよ。「浮気」っていうくらいだから……。いまはちょっとしたことで世間が「不倫、不倫」って騒《さわ》ぎ立てて、正直、嫌《いや》になっちゃうわ。「このくらい、いいじゃないの」って思うこともあるわ。ご主人が帰ってきたら、もっとやさしくして、大事にしてあげれば、ご主人のほうも「悪かった」「ごめんね」って、必ず言いますよ。これも若いうち。

**山本**　私の場合は、浮気よりも主人の健康が一番の心配ごとでした。結婚したとき、すでに七十三歳でしたから。

**海老名**　いくら年がいってたとしても、女房に一度も浮気の心配をさせなかったなんて、文さんはエライ！　あなた、幸せだったお手本です。

## 次世代への継承は未来へのバトン

**山本**　三平師匠が亡くなったとき、お子さんたちはまだ小さくて、心配でしたでしょう？

**海老名**　二男（二代目林家三平）はまだ九歳でした。あの子はお父さんっ子でしたから、かわいそうでしたね。

**山本**　跡継《あとつ》ぎという点では、どうしようと思われましたか？

**海老名**　長男（林家正蔵《しょうぞう》）はすでに親の跡を継ぐと言っていましたので、そういったことではとくに気を揉《も》むこともなく、そのまま長男が噺家を継ぐことになりました。

いまは孫の代になりましたでしょ。長男の息子（林家たま平）は高校時代にラグビーをしていて、じつは大学に進んでラグビーを続ける道もあったんです。私は、本人の希望に任せようとは思いましたけれど、孫と二人で浅草の尾張屋さん（蕎麦処）に行きましてね。「なんでも好きなものを食べなさい」と言って、孫は天丼、私は天南蛮を食べながら「どうする？　ラグビーのほうに行く？　それともお父さんのように林家の暖簾《のれん》を守る？」って聞いたの。

**山本**　そうしたら？

**海老名**　「ばぁばはどっちがいいと思う？」と聞くので「ばぁばが決めることじゃないわ。自分で決めることよ。後悔しないように決めなさい」って言ったの。そしたら、あの子もしばらく考えていたんですけど、「跡を継ぐ」って言ってくれたの。そのとき、たまたま食事に来ていた亀十さん（和菓子店）のご夫妻がそれを聞いていて、ボロボロ泣いちゃって。「いや〜、いい話聞いちゃった！」って。「坊《ぼ》っちゃん、頼むから跡継いでくれよ。大変なことだけど、我慢して、辛抱《しんぼう》して継いでくれよ」と言ってくださったの。

**山本**　まぁ、感動的！　いま、お孫さんは？

**海老名**　二つ目です。お宅の息子さんたちも同じくらいの年代じゃないかしら。

**山本**　はい。大学生が二人です。うちも主人が常々「どちらか一人でもいいのでテレビの仕事に就《つ》いてくれないか」と言っていました。それで二男のほうがいま、ＴＢＳの報道局でアルバイトをしています。

**海老名**　あらぁ、よかった。それは文さん、うれしいでしょうねぇ。

**山本**　主人が亡くなってから、息子が「テレビの仕事をやろうかな」と言うようになったんです。局にある膨大《ぼうだい》な資料やライブラリーなど、父親のやってきた仕事を目にする機会ができたことで、尊敬の念が増しているみたいです。

**海老名**　まぁ、いいことね。

**山本**　まだ将来はわかりませんけれど、そうやって息子にバトンタッチしていくことが、私の役割なのかなと……。

**海老名**　そう、そうですよね。

## いつだって前を向いて挑戦

**山本**　いまは高齢社会になって、とくに日本の女性は長寿《ちょうじゅ》ですから、ご主人を見送ってから一人で生きていく時間が長くなりました。そういう女性たちが、いつまでも寂しがることなく、悲しみやつらさを乗り越えて生き生きと人生を楽しむには、どうしたらいいでしょう？　仕事や趣味などを持っている方であれば、予定に追われる忙しさや時間のなさというのが、逆に一つの救われる要素になるようにも思いますけど……。

**海老名**　そうですね。よく皆さん「趣味がなくて……」とおっしゃるでしょう？　でも、趣味は家のなかにもたくさん転《ころ》がっていると思いますよ。料理を創作したり、部屋にちょっとしたものを飾《かざ》ったり、写真を整理したり。いくらでもあると思わない？　だから、まずはなんでもいいから、身のまわりのことからやってみたら、案外、楽しくなると思うわよ。私は六十歳のときに、この家を建《た》てたの。

**山本**　ええっ！　おかみさんが建てたんですか？

**海老名**　そう。倅《せがれ》が働くようになったので、いままで働いたお金は大事に使おうと思って、「六十歳になったら、家を建て直すことにしよう」って決めたの。

この、ねぎし三平堂がある土地は、昔はけっこう広い敷地《しきち》だったんですけど、結婚してからいろいろお金に困った時代があって

初代・林家三平師匠の資料館として知られているねぎし三平堂はかつての住まいを一部改修して造られた（東京都台東区）

売ったんです。その土地をすべて買い戻して、玄関はどこがいいかなぁ、窓はどの向きにすればいいかなぁと、全部、私が考えて決めたのよ。家相《かそう》も、風水《ふうすい》も何も見ないで建てたの。

**山本**　おかみさんは、なんでもできちゃうんですね。

**海老名**　建築家のドクター・コパさんがわが家にいらしたときに「この家は本当によくできてるなぁ。だれに見てもらいました?」とおっしゃるので「だれにも見てもらっていません。私が考えたんです」と言ったら、驚かれました。でも、コパさんからそう言われたら、うれしいじゃない?

「ただ一カ所だけ、テレビの後ろに黄色いものを置いたほうがいいですよ」とアドバイスをいただいたので、おつきあいのあったギャラリーからいただいたイチョウの黄色い絵を飾ったの。お金をかけなくても、素人《しろうと》でもいろんなことができるものよ。

**山本** おかみさんの「やってみよう！」というチャレンジ精神がすばらしいです。

**海老名** 困ったなぁと思ったときには、いろんな人に相談してみたりするといいのよ。見栄や意地を張らず、素直に「教えてください」「どうしたらいいかしら」って言えれば、不思議と助けてくれる人が現れたりするものなの。だから、これまでどんなことも跳《は》ね返せたのかもしれませんね。

**山本** たしかにそうですね。私も、主人が残してくれたものの中で、いちばん大切なものが人脈だと思います。人と人とのつながりが人生を左右しますものね。主人はいつも「人は一人では生きていかれないんだよ」と言っていました。

**海老名**　そうね。文さんの言うとおりですね。

**山本**　それは主人が小学校五年生のときに亡くなった父親の遺言《ゆいごん》でもあって、亡くなる直前に「一人っ子でごめんな。人は一人では生きていかれないものだから、友だちをたくさんつくり、大切にしろ」と言われたそうです。

私がこうしておかみさんと知り合うことができたのも、もともとは三平師匠と主人とのおつきあいがきっかけです。主人が亡くなったときにおかみさんが電話をくださったことで、新たなご縁が結ばれました。そうやってつながっていくことが不思議ですし、またありがたく感じています。

## 明るい笑顔と元気な返事が幸せを呼ぶ

**山本**　おかみさんの一生懸命な姿勢が皆さんの気持ちをひきつけて、周囲の方々が力を貸してくださるんだということがよくわかりました。

かつては靴が一足しかなかったおかみさんが、マルチな才能を発揮されて、一人で家を建てたなんて、三平師匠がご

覧になったらきっとびっくりされますね。女性の本当の魅力って、辛抱強《しんぼうづよ》さというか、内面からにじみ出る人間性の輝きなのかな～と思います。

**海老名**　人から好かれるいちばんの秘けつは、笑顔かしら……。どんなときでも笑顔でいること。それから返事。これに尽きるわね。私はよく三遊亭金馬《きんば》師匠《ししょう》に「いい返事のできる子は幸せになる」って言われたわ。戦後、私を拾《ひろ》って育ててくれた金馬師匠に「香葉子やぁー」って呼ばれたら、すぐに「はいっ！」って返事をしたの、大きな声で。「立つより返事！」って言われていたから、いつでもどこでも「はいっ！」ってね。
だから師匠から「おまえはいまに出世するよ」って言ってもらいました。どんなに苦しいことがあっても、笑顔と「はい」という返事ができれば、乗り切っていかれるんです。

**山本**　私もいつも色紙には「いつも笑顔で、もっと笑顔で」と書かせてもらいます。主人はいつも笑顔の人でしたから。

**海老名**　いつも穏《おだ》やかに笑っていて、やさしい方でしたね。

**山本**　はい。私も主人のやさしさを見習って、受け継いでいきたいです。おかみさんは三平師匠のどんなところがいちばんお好きだったんですか？

**海老名**　とても誠実な人でした。そして親切な人でした。先代の柳家権太楼《やなぎやごんたろう》師匠の奥さまが自宅で寝たきりになったとき、「おかみさんが寝たきりで楽しみが何もないから、どうしてもテレビを贈ってあげたい」と言ってね。あの人、テレビを買って、持って行って差し上げたの。まだ、こん平が弟子入りしたころでしたから、テレビが出始めのときでした。

**山本**　その時代は、テレビって高かったんじゃないですか。

**海老名**　そうですね。でもおかみさんのことを思う気持ちでしょうね。いまでも息子さんご夫婦がお正月には必ず立派になられた子どもさんたちを連れて、いらしてくれます。夫が亡くなってからも、そういうおつきあいが続いています。本当に主人は心根《こころね》のやさしい人でしたし、親孝行でしたね。

## 人生の扉を大きく外へ開こう

**山本**　三平師匠もそうやって、いつも他人《ひと》の幸せのために行動される方だったんですね。おかみさんも毎年、「東京大空襲のご供養祭」をなさっていて。

**海老名**　ええ。戦争のない世界が大きな私の夢です。私は東京大空襲で両親も家もなくし、苦しい思いをしていますから、どこかに使命感があるのかしらね。家のことはもう嫁たちがしっかりやってくれますから、私は命尽きるまで。平和の尊さを語り継いでいきたいと思っています。ですから、東京大空襲のあった三月九日には毎年、「時忘《ときわす》れじの集《つど》い」を開催しています。

**山本**　今日、おかみさんのお話をうかがってきたなかで、三平師匠が亡くなってからも、おかみさんがご自身の人生を大きく外に向かって開いていらっしゃることに心の底から感動しました。だって世界平和にまでつながっているんですもの。本当に勉強になりました。

私もこれからいろいろな可能性の道が広がっていくといいなと、希望が湧《わ》いてきました。

**海老名**　そうです。大丈夫！きっと広がっていきますよ。人生はまだまだこれから。おおいに楽しまなくちゃ。あなた、まだお若いんだから。これからよ、これから！

**山本**　ありがとうございます。私もおかみさんを見習って、がんばります。

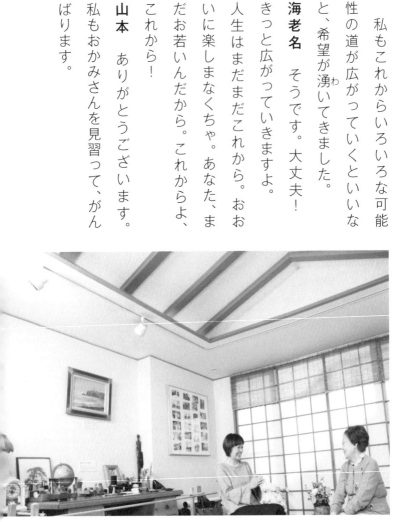

あとがき

まず、この場をお借りして、この本の出版を提案してくださった海老名香葉子さん、そして出版を決定してくださり、主人の命日に合わせて発刊という心遣いをしてくださった鳳書院の皆さまに、心から感謝と敬意を表します。

皆さまのおかげで、あらためて「山本文郎」との時間を振り返らせていただきました。また、この本を出版したことで、亡くなってもなお、主人にひと花咲かせてあげることができました。

一般的な結婚ではないことを批判《ひはん》されたこともありましたが、「私たちの選択は間違っていなかった」という気持ちを、この本を通じて少しでも読者の皆さまに感じ取っていただくことができれば幸せです。
また、いま、恋愛や結婚について考えているシニア世代の方々に、「自分の気持ちに正直に生きるのもいいね！」と思っていただけたら、うれしいです。

医学の進歩のおかげで、高齢になっても健康に過ごすことができる時間が長くなりました。それとともに、離婚や死別など、理由はさまざまでしょうが、私たちのように再婚を考えるチャンスが訪れる方も増えてきました。

でもそれは、二人で人生の上り坂を歩む結婚ではなく、人生の終わりを想像しての結婚となるのです。私のように相手が七十代ともなれば、近い将来、必ず来るであろう別れを想像しなくてはなりません。私は、お互いが人生の最後に、「いい人生だった！」と言えるように、期間は短くとも、自分にできる精いっぱいの愛情を相手に注ぐことを常に考えていました。

ただ健康で長生きすれば、人は幸せなのでしょうか。私は山本文郎《やまもとふみお》の人生を振り返ってみて、つくづく思いました。いくつになっても、ときめく気持ちを持って生きることができる――これほど幸せなことはありません。

私たちはお互い、ときめいた相手と、たまたま年が離れていたにすぎません。彼は、七十代にしてときめき、人を愛して、再婚。家族のために毎日、はりきって生きました。

皆さん、ときめく気持ちに自ら蓋《ふた》をしてはいませんか？

長年連れ添ったパートナーと死別した方も、また、さまざまな事情で離婚した方も、いま一度、自分の気持ちに正直になってみませんか？

人は、だれかのために生きることで幸せを感じ、元気になり、顔の色つやにも変化が表れることを、私は身をもって体験しました。人の顔・形がさまざまなように、恋愛だっていろいろな形があります。人を好きになる気持ちは若い世代同士だけのものではありません。生きている限り、ときめく心を持っていることは、すてきなことだと思います。

私は、「恋愛は若い人のもの」という意識はおかしいと思います。そして、最近、それと同じくらいおかしいと感じるのが、「年齢に応じたファッション」とか「年齢に応じた化粧品」といった言葉です。

私は五十代ですが、好きなデザインの好きな色を着ます。すてきな洋服を見つけたら、二十代の女性客がたくさんいるお店にも平気で入ります。化粧品も、売り場のPOPに「五十代に！」などと書かれているものは、わざと避《さ》けています（笑）。加齢《かれい》とともにファッションを決められたり、年齢で化粧品を区切ったりすることは、ナンセンスだと感じているからです。

自分の気持ちに正直にときめき、好きなファッションに身を包《つつ》み、人生の後半を楽しみましょうよ！　明るく生きている人には、人が寄ってきます。人と人とのつながりが人生を豊かにします。山本文郎がそれを見せてくれました。

「人間は、一人では生きていけない」

これが主人の口ぐせでした。縁あって出会った人に心ときめいたならば、いっしょに人生を過ごす道を選んでもいいではありませんか。

人生は一度きりです。自分の気持ちに正直に、自分で決めた方向に、まずは一歩踏み出してみるのも〝あり〟です。「いまさら」や「世間一般」、はたまた「周りがやめろと言うから……」などの言葉で、自分の気持ちにストップをかけられてしまったとしたら、人生を振り返ったとき、必ず後悔します。他人のせいにしてしまうこともあるでしょう。

心のときめきに素直に生きれば、人生の最後に

「こうしておいてよかった！」と思うことが増えているると信じます。

最後の最後まで「もうひと花咲かせてやる！」と言って、周りの人々を笑顔にし、自分自身の気持ちに正直に生きた主人の人生は〝あっぱれ〟でした。

主人がつなげてくれた大切な人々と、いまもなお、つながっていることで、私の人生はとても豊かだと感じます。主人の体がこの世から消えたことは、心が張り裂《さ》けるほど寂しいです。

しかし、主人が最後まで笑顔で人生を生き切ったように、私も笑顔で動き続けるつもりです。

食べるものもない戦争中、親と離れ、親戚の家で過ごし、戦後、母親と二人で必死に生きてきたことが主人の基礎となったように思います。そこで、「とびっきりの笑顔と人とのつながりが、生きていくうえでいかに大切か」を得たのではないでしょうか。

五七年間、テレビを通して日本中の人々に笑顔と優《やさ》しい声をお届けした「山本文郎」というアナウンサーがいたことを、これからもできる限り伝えていくことが、私の役目だと思っています。

二〇一八年二月二十六日

山本由美子

Special Thanks

写真／柴田篤（対談）

取材協力／株式会社 ねぎし事務所・桂由美ブライダルハウス「Cafe'de Rose」

編集協力／石井美佐・杉浦五都子

企画・編集ディレクション／朝川桂子

著者プロフィール
山本由美子（やまもと・ゆみこ）
東京都出身。A型。山本文郎事務所代表。モデル千晴子所属。
2008年にフリーアナウンサーの山本文郎と結婚。「年の差婚」で話題となり、番組プロデューサーのすすめで業界デビュー。テレビ・ラジオ・雑誌などメディアに出演することとなる。
結婚式やイベントの司会、キャスティング、またブライダルファッションデザイナー・桂由美付としての仕事など、幅広く活躍中。
相撲界とも縁があり、元大関・琴欧州の鳴戸親方率いる鳴戸部屋にも力を注いでいる。

文《ぶん》さん、大《おお》きな愛《あい》をありがとう

2018年2月26日／初版第1刷発行

著者　山本由美子《やまもとゆみこ》
発行者　大島光明
発行所　株式会社　鳳書院
〒101-0061
東京都千代田区神田三崎町2-8-12
電話番号　03-3264-3168（代表）
URL http://www.otorisyoin.com
印刷　図書印刷株式会社
製本　株式会社 星共社


ISBN　978-4-87122-192-4